中国第一励志故事

第二季

广西卫视《第一书记》栏目 供稿

周 君 改编

我的责任我来扛

河北出版传媒集团 河北少年儿童出版社

图书在版编目（CIP）数据

我的责任我来扛 / 周君改编. — 石家庄：河北少
年儿童出版社，2017.4
（中国第一励志故事. 第二季）
ISBN 978-7-5376-9983-9

Ⅰ. ①我… Ⅱ. ①周… Ⅲ. ①品德教育—中国—青少
年读物 Ⅳ. ①D432.62

中国版本图书馆CIP数据核字(2017)第054466号

中国第一**励志**故事 第二季

我的责任我来扛

WO DE ZEREN WO LAI KANG

广西卫视《第一书记》栏目　供稿

周　君　改编

选题策划	张力勇　段建军　赵玲玲
责任编辑	张　昕
美术编辑	牛亚卓
特约编辑	马卓冰　陈　燕　卢长永
封面设计	杨　元

出　　版	河北出版传媒集团　河北少年儿童出版社
	（石家庄市中华南大街 172 号　邮政编码 050051）
发　　行	全国新华书店
印　　刷	北京睿特印刷厂大兴一分厂
开　　本	680mm×910mm　1/16
印　　张	7
版　　次	2017年4月第1版
印　　次	2017年4月第1次印刷
书　　号	ISBN 978-7-5376-9983-9
定　　价	14.80元

序　言

　　没有哪个孩子不爱听故事。摆在你面前的是一套真实而又感人的励志故事书，作品全部取材于广西卫视《第一书记》栏目，由记者跋山涉水寻找，身处一线乡村的驻村第一书记亲口讲述。在节目播放的过程中，这些孩子感人的故事、朴素的语言和真实的情感，常常让观众热泪盈眶。

　　十二岁的唐李妹既充当姐姐的角色，又充当妈妈的角色，像个大人一样养育着双胞胎弟弟；幼年丧父、母亲失明的杨通深兄妹，为了省下钱来给妈妈买双新鞋，竟然以水充饥；砍柴、修屋顶、割松脂、采春笋、补衣服，与爸爸相依为命的陈立佩不得不用自己的双手撑起整个家；尽管家徒四壁，生活拮据，乐观的黄谨奕却从未放弃过成为一名画家的梦想……这些少年儿童虽然身处深山，却同样心怀梦想；虽然没有手机、电脑，甚至不知道什么是电子游戏，却会在自己创造的游戏中得到欢乐；虽然衣不蔽体、食不果腹，却能恪守道德，敬老爱幼；虽然家里连书桌都没有，却能科科考第一……他们不仅不能像大多数孩子一样承欢于父母膝下，还要用瘦弱的肩膀撑起一个家。

　　可是，这些孩子没有抱怨，甚至没有忧伤，那一张张稚气的脸上写满坚定、责任，还有梦想。即使住在破旧的泥土屋里，他们依然不放弃梦想。乐观、正直、孝顺、向上、责任、勇敢……他们用最朴素的方式向我们诠释了什么是正能量。我们感慨于他们的坚强与乐观，我们想把他们的生活与精神面貌呈现给广大读者，让坚强的人更坚强，让处境相近的人得到激励。请不要用怜悯的眼光看他们，而要用赞赏的眼神为他们加油！

本套书精选了近百位坚强、善良、正直的少年儿童的感人故事，内容真实、语言优美，并配以大量精美照片，文中关于农村生活的真实描写，以及对各地区、各民族不同文化的充分展现，既体现了人之精神，也展示了祖国山河之壮美、民族之多姿。

拥有美好的未来是每位青少年追求的梦想，可是实现梦想需要为之付出艰辛的努力。本书无处不在的少年励志精神，能在潜移默化中激励孩子们努力追求自己的梦想。而在困境中奋斗着的孩子的真实事例，会让更多的孩子了解生活的不易，从而更加珍惜眼前的幸福生活，并能激发他们树立为家庭、为祖国而奋斗的理想——这正是本书所追求的。

另外，故事只反映了主人公在节目拍摄当时的生活状况，节目播出以后，在社会各界爱心人士的关怀与努力下，书中许多人物的生活发生了很大变化，碍于篇幅，不再赘述。我们衷心地祝愿他们的生活越来越美好！

邓　飞

记者、著名社会公益活动家、

2010年《南方人物周刊》"中国魅力50人"

目　录

目　录

孤独中坚强

导　读

　　一个十岁的孩子，却不得不承受着亲人离散的痛苦。父亲的去世是她人生中的一个灭顶之灾，然而，她不仅失去了父亲，还失去了母亲和年幼的妹妹。如今，她只能和年事已高的爷爷奶奶相依为命。在艰难的生活中，她学会了坚强。

飞来横祸

　　葱葱郁郁的山间，一座小村庄若隐若现，它就是广西壮族自治区大新县下雷镇新育村，地处中越边境，海拔 1300 米。在山间小道上，一个身穿红色外套的小姑娘正挑着两大捆稻子艰难前行，她瘦弱的身体在扁担下不住地左右摇晃。她就是赵莹莹，一个十岁的小女孩儿，嘴角总是挂着甜甜的微笑。

　　十岁的孩子，本该是天真无邪的年纪，

可是一场飞来的横祸，却让莹莹陷入了亲人离散的痛苦之中。爸爸的关爱、妈妈的呵护、爷爷奶奶的悉心照料、妹妹的欢声笑语，这些原本属于她的生活，如今都已烟消云散。

五年前，为了建新房，爸爸骑着摩托车去亲戚家要债，却在回家途中不慎车毁人亡。就是这场车祸，让莹莹永远失去了爸爸。

噩梦总是一场接着一场，还没有从爸爸的离去中走出来的她，又不得不面对妈妈的无情抛弃。因为难以承受家庭的突变，妈妈抛下她，带着妹妹改嫁了。如今，她只能和年迈体弱的爷爷奶奶一起生活。

山间小道上，莹莹依然艰难地前行着，

嘴角上还挂着天真的笑容，就像是一朵盛开的太阳花，乐观而又坚强。

年幼早当家

在与爷爷奶奶的相依相伴中，莹莹早已经学会了当家的本领，不仅要下地干活儿，更要照顾爷爷奶奶。

爷爷有腿痛的毛病，给爷爷煎药成了莹莹每天的必修课。漆黑的土房里，炉膛里跳跃的火苗将她的小脸映照得红扑扑的，显得格外好看。只是脸在干活儿时不小心被划伤了，留下了一道口子，看着不免让人心疼。

"爷爷，该吃药了！"莹莹对着门外的爷爷大声呼喊道。

"知道了。"爷爷正坐在屋外静静地沉思着，眼睛一动不动地看着别人家的新房，眼眶里泛起了泪水。

"本来，我们也应该有新房住的，要不是……"爷爷轻声说着，手忍不住在门框上轻轻拍了几下，然后一瘸一拐地朝屋里走去。

"爷爷，您腿痛就少走点儿路。"莹莹说着把爷爷扶到了床上，拿出一小瓶药帮爷爷喷了喷。

十五年了，爷爷因为骨质增生，总是关节痛，但因为家里困难，每次也只能喷点儿止痛消肿的药来缓解疼痛。

"爷爷，您慢点儿喝，小心烫！"喷完药，莹莹把熬好的药递给了爷爷。

"我要和奶奶去田里了，您在家好好休息吧！"说着，莹莹便转身拿起农具，和奶奶走出了屋子。

看着老伴儿和孙女离去，爷爷只能无奈地叹息。

穿着雨鞋在水稻田里割稻子，莹莹的每一步都走得小心翼翼。硕大的雨鞋走起路来很不方便，一不小心就会陷进泥里，每次只能用手使劲往外拽，才能把雨鞋从泥里拽出来。这双雨鞋还是妈妈留下的，现在却是莹莹在穿，因为家里的状况实在无法给她买合适的鞋子。

凉风飕飕，莹莹却顾不上寒冷，只想着多帮奶奶干点儿活，尽管已累得筋疲力尽，她仍然努力坚持着。

"奶奶您歇会儿吧，我弄就好了！"莹莹一边忙着割稻子，一边跟奶奶说。

"没关系，奶奶不累。"奶奶慈爱地说道，

手上的活儿一刻也没有停下。

割完稻子，一老一小又在打谷机上忙活起来。莹莹赤脚踩在打谷机上打谷，奶奶则麻利地将稻草扎成了捆。

中间休息的时候，累了一天的莹莹终于可以给自己的生活增添一点儿乐趣，竟然把破旧的车轮当马骑。

忙完所有活儿，看着扎好的稻草，莹莹连忙挑了两个最大捆的。为了让奶奶能够轻松些，每次她总是尽自己所能多为奶奶分担一些。

"你这孩子，真拿你没办法！"奶奶说着帮莹莹将担子放到肩上。

弯弯曲曲的田间小道上，祖孙二人一步一个脚印慢慢前行着，虽然肩上的担子压得人快喘不过气来，她们却甘之如饴。

回到家，放下担子，奶奶和莹莹又开始忙碌起来，奶奶要准备做晚饭，莹莹则要趁着天还没有黑，赶紧把家里的屋顶修补一下。1974年建的房子，如今只要一赶上阴雨天就漏雨，家里人只能东躲西躲。

天渐渐暗了下来，高高的屋顶上，一个瘦弱的身影依然在忙碌着。

心有千千结

修补完屋顶，莹莹又马上去喂牛了。在这个家里，自从没有了爸爸，懂事的莹莹就像个陀螺一样永远也停不下来。

"可怜的孩子啊，我可怜的孙女，都怪他们！"爷爷看着忙碌的莹莹忍不住又掉下了眼泪。

"那个人在前面拐弯，一点儿事都没有，为什么我儿子就死了？为什么他一点儿伤都没有？里面有问题，肯定有文章。他这是不想还钱，想杀人灭口！"

爷爷一直以为儿子是被人"谋害"的，这件事也曾是莹莹心中挥之不去的阴影，她也曾怨恨过那个亲戚。然而，在一些村民和警察的叙述中，她得知了事情的真相：爸爸是开摩托车撞到树上的，交警到现场的时候摩托车还架在树上，而且经法医到现场的鉴定，这确实是一起单方的交通事故，不存在其他的人为因素。

可是，她毕竟是孩子，自己一时都很难接受，又怎么能让爷爷解开心中的结呢？除了安慰爷爷，她真的不知道该如何是好。

"爷爷，您别哭了，我还有您和奶奶啊！"莹莹轻声说道，眼里泛着点点泪花。

爷爷老年丧子，莹莹幼年丧父，家里的顶梁柱倒了，掩埋了本该属于这个家的所有幸福与欢乐。

将爷爷搀扶进屋子后,莹莹再也忍不住哭了起来。无论爸爸是意外还是被"谋害",都改变不了他已经离世的事实,爷爷心中的结就算解开又能怎么样?失去亲人的痛苦是无论如何也不会消散的。

为了不让爷爷奶奶伤心,莹莹只能偷偷去牛棚里和小牛聊天。

无尽的思念

"你都长这么大了,刚生下来的时候才这么小!"莹莹拿着一根稻草,一边说着一边轻轻逗弄着小牛。

牛妈妈轻轻舔着小牛，小牛依偎在牛妈妈身旁，一副十分享受的模样。看着小牛这么幸福，莹莹不禁暗自伤心起来。

"有妈妈真好，真羡慕你，我的妈妈在哪里呢？"

没妈的孩子像根草，此时的莹莹多想像小牛一样，能和妈妈朝夕相伴。可是，爸爸妈妈相继离去，她只能把自己无尽的思念深深地藏在心底。

夜深人静，莹莹偷偷掏出一个黑色的布包，小心翼翼地打开。原来里面装着一些照片，有爸爸妈妈的，有妹妹的。莹莹轻轻地抚摩着这些照片，仿佛他们就在自己身边一样。

"妹妹你在那边好吗？和妈妈在一起要听话啊，姐姐很想你的。"莹莹轻声说着，声音里有压抑不住的痛苦。

睹物思人，一家人如今天各一方，莹莹只能在冰冷的照片中找寻那个温暖的家。十岁的孩子，本该是天真烂漫的年纪，可命运带给她的磨难却已经太多太多，她只能用自己稚嫩的肩膀扛起生活的重担，用自己纯真的笑容迎接未来的风吹雨打。

格　言

强者容易坚强，正如弱者容易软弱。

——爱默生

苦中当自强

导　读

　　十年前，病魔夺走了他们的爸爸，脆弱的妈妈也在此时选择离家出走。一个完整的家，瞬间变得支离破碎，十四岁的她和十三岁的他在孤独中坚强地成长。上山采药、摘油果、捡柴火，他们的双手每天都在为了生存而忙碌着。想妈妈的时候，十四岁的她甚至会割自己的手。难以想象，她已经苦到需要用身体上的疼来缓解内心无比的痛。在本应玩耍的年纪，他们却经历了超越同龄人的苦难。

孤独中成长

　　"咯吱、咯吱……"安静的屋里只能听到织布机的响声。一对姐弟正趴在窗户上聚精会神地看着屋里的人织布，仿佛整个世界就只剩下那台织布机，他们就是十四岁的韦美兰和她十三岁的弟弟韦光好。在两人孤独

★ 超级链接

乐业县位于广西壮族自治区西北部，地处云贵高原的东南麓。乐业县旅游资源丰富而独特，经过中、美、英、日、法等十多个国家的专家科考论证，在20平方千米范围内已发现了28个天坑，其天坑数量和天坑分布密度世界少见。在全世界13个超大型天坑中，分布在乐业的就有7个，因此乐业县被誉为"世界天坑之都""世界天坑博物馆"。目前乐业县已正式批准为"国际岩溶与洞穴探险科考基地""国家森林公园""国家地质公园"和"中国青少年科学考察探险基地"。

的生活里，看邻居织布成了他们为数不多的乐趣之一。

"姐姐，我想学织布。"韦光好突然说道。

"男孩子不应该学这些，姐姐学就行。"韦美兰非常认真地回答道。

广西壮族自治区乐业县新化镇百寸村有一个叫那杂屯的地方，这里至今还保留着传统的织布工艺，女人们都会帮自己的家人织布做衣服。韦美兰依稀记得，五岁的时候，她的妈妈也是这样织布的，然后用那些织成的布匹为全家人做衣服。

整整十年，姐弟俩只能在这织布声中怀念自己的妈妈。十年前，他们的爸爸因病去世，而妈妈因为无法承受这突如其来的悲痛，便离家出走了。自那以后，他们再也没有见过妈妈，只有在相依为命中坚强成长。

到了中午，邻居阿姨停下手里织布的活计，准备开始做饭，姐弟俩这才悻悻地往家走去。

推开门，屋顶上悬挂的蜘蛛网在风中不停地晃动，仿佛在抗议这满室的冷清与凄凉。

"我去摘菜做饭，你去拿些柴火过来。"韦美兰跟弟弟说完，便转身到菜园子里摘野

菜去了。

　　洗菜、生火、煮饭，姐弟俩配合得十分默契。

　　"来，你尝一口，看看怎么样？"韦美兰说着从锅里夹了一块青菜送到弟弟嘴边。

　　"好吃！"韦光好满足地说道。

　　十年，日复一日的生活，他们早已在孤单中学会了承受，学会了坚强。

苦中当自强

　　俗话说"有爹有娘掌中宝，无爹无娘路边草"，过早失去双亲的韦美兰和韦光好小小年纪便已在孤单的成长中学会了自立自强。从小在山里长大的他们也早早懂得了通过劳动来赚钱养活自己，采草药便是他们

最主要的经济来源。

高高的树上，韦美兰正用肩膀顶着韦光好，好让他一点儿一点儿地往上攀爬，爬到那粗壮的树干上去。而韦光好则用自己本就瘦弱的双手，非常吃力地抱住树干，艰难地上升着。好不容易，他终于爬了上去。

"姐姐，姐姐，我摘到了！"树上的韦光好兴奋且大声地对着树下的姐姐喊道。

"嗯，你小心点儿，慢慢下来……"韦美兰努力仰着小脸大声说着，她非常担心弟弟的安危。

其实，姐弟俩每天都要爬到这样高高的树上去采摘草药。这种在别人看来异常危险的场面，他们早已经习以为常。为了这二十元一斤的草药，冒着生命危险爬到相当于两三层楼高的大树上，虽然辛苦，姐弟俩却觉得物超所值。

采完了今天的草药，姐弟俩还要去帮堂哥家摘油果，以此来换点儿米吃。韦光好推着自己心爱的自行车，一路哼着小曲，心情好极了。这个车子是他在垃圾堆里捡回来的，虽然没有刹车、没有轮胎，却是家里唯一的交通工具。它不仅能帮家里拉些东西，还是韦光好的玩伴，就像他的好朋友一样。

姐弟俩将满满一袋油果扶上自行车，慢慢送到了堂哥家。

"这是我们今天摘的，我们想换些米。"韦美兰轻声说道。

"给你们十斤吧！"堂哥看了他们一眼，爽快地说道。

看着自己辛苦劳动换来的成果，姐弟俩笑得合不拢嘴。

劳累了大半天，他们终于有空停下来歇歇了。

"好玩儿吗？"姐弟俩把一个小妹妹扶到自行车座上，亲昵地问道。

"太好玩儿了！"小妹妹兴奋地回答。

看着弟弟和孩子们玩得那么高兴，韦美兰开心地笑了。她知道，这辆自行车虽然破旧，虽然经常需要修补，弟弟却视如珍宝，因为它是弟弟与孩子们分享喜悦的一种方式，是弟弟快乐的源泉。

相濡以沫

夜幕悄悄降临了，屋子里亮起了昏暗的灯光，两个孩子的影子被拉得老长，在灯光下显得那么孤独。

"这里，蜘蛛！"突然，韦美兰大声叫喊起来。她一把将弟弟推开，然后使劲将蜘蛛拍在地上。

像这样的不速之客，家里还有很多，比如老鼠。可是姐弟俩却不以为然，甚至有时候会跟老鼠睡在一起。也许，在这样一个冰冷的家里，老鼠的陪伴对他们而言也是一种温暖。

"你先睡吧，姐姐一会儿就睡。"韦美兰手里拿着做了一半的布鞋，对弟弟说道。

"不，我看着姐姐做。"说着，韦光好静静地坐到姐姐身边，轻轻拿起姐姐做好的鞋垫，自己也试着动起手来。

邻居阿姨们给了韦美兰一些线和鞋垫，懂事的她就用这些仅有的材料帮弟弟做了一双布鞋，而自己却穿着破烂的凉鞋过冬。妈妈已经离开整整十年了，岁月无声消逝，两个孩子只能这样相濡以沫、相依为命。

屋子里的灯依然亮着，两个瘦小的身影在夜晚寂静的小山村中成了一道最美的风景。

思念之痛

天刚蒙蒙亮，韦美兰和韦光好就起床了。没有亲人的照顾，姐弟俩的生活只能靠自己的一双手来维持。

"家里的柴火不够用了，你去弄些柴火吧！"韦美兰一边在一堆烂菜叶子里挑来拣去，一边跟弟弟说道。这些菜早就已经烂得不成样子了，可韦美兰却仍在认真地挑拣。对于这对姐弟来说，浪费简直就是谋杀，这些菜可都是用他们辛辛苦苦挣的钱买的。

"好，我这就去！"说完，韦光好就推着自行车出门了。

好的柴火大都在陡峭的山上，每当韦光好独自出来，他都会尽量多给姐姐找一些好的柴火。这次，他依然选择了一个很陡的山坡。

"哎呀！"一个不小心，韦光好滑进了一个大坑里，腿上被划出了一道深深的口子。

他没有因此放弃去找好柴火的念头，而是用土在伤口上抹了抹，算是简单的止血，然后用手中的木棍在土坑壁上慢慢地凿着小坑，一步步艰难地往上爬。

这样的情形，韦光好已经面对了不止一次，所以，他早已学会了从容应对。

"姐，我回来了！"韦光好用自行车推着柴火进了门，好像刚才的危险从未发生过。

"姐，你的手怎么了？"突然，韦光好将自行车扔到地上，一个箭步冲到了姐姐身旁。

韦美兰瘦弱的小手上沾满了鲜血，手中的爱心和纸灯笼上隐隐透着斑斑血迹，掌心鲜红的"难过"二字刺得人眼睛生疼。

"姐姐，你干吗又割自己的手啊？"韦光好心疼地抱着姐姐，声嘶力竭地哭喊着。

每当难过的时候，韦美兰就会以这样的方式来缓解自己内心的痛苦和思念。对她来说，身体上的疼远远比不上心里的痛。

"姐姐不疼，没事，来，我们一起把爱心和灯笼挂上吧！"韦美兰强颜欢笑地说。

她之所以这么喜欢折爱心和纸灯笼，完全是出自对妈妈的爱，因为她只能以这种方式来为妈妈祈福。

纸灯笼在微风中轻轻地晃动，煞是好看。然而此刻，姐弟俩却无心欣赏，对妈妈的思念和长久以来的凄苦掩盖了所有感官，只剩下麻木的疼痛。

"妈妈能看到吗？她会过得好吗？"韦美兰喃喃自语道。虽然妈妈抛下了他们，但她依然希望妈妈能够过得幸福，比他们幸福。

格　言

胜利属于坚韧不拔的人。

——佚　名

亲人就是责任

导　读

　　十七岁的她成绩优异，原本应该衣食无忧地坐在课堂里学习深造，却不得不过早地承担起家庭的重担，在艰难中度过每一天。她的父亲身材十分矮小，劳动能力极差，母亲又患有宫颈癌，两个弟弟都还在读初中，几番思考下，她只能向学校提出退学。

妈妈的贴心小棉袄

　　午后的太阳暖暖地照着大地，山村的小路上，一个穿着校服的短发女孩儿正在匆匆赶路，她就是黄勤，是广西壮族自治区南宁市宾阳县邹圩镇宾阳中学的一名高中生，家住在宾阳县邹圩镇下窑村。

　　每个星期五的下午，都是黄勤最开心的时刻，因为她可以回家照顾妈妈了。对她而言，这是母女俩难得的相处时光。

刚回到家，黄勤就开始忙碌起来。一贫如洗的家里摆了很多锅碗瓢盆，以前妈妈以为自己得的是传染病，坚持要把家里的所有餐具都分为两份。为了方便帮妈妈煮饭，舅舅还特地给他们拿来了煤气灶。

一束阳光从屋顶松动的瓦缝照进这个破旧的屋子，凌乱不堪的家里也算是有了点儿生气。将摘好的青菜放在菜盆里，黄勤便仔细地洗了起来。妈妈身患宫颈癌，为了避免她上火，黄勤总是把饭菜做得很清淡，以素菜为主，唯一的荤菜也就是猪肉。只是，随着病情的加重，妈妈的饭量越来越小了，黄勤只能变着法子尽量做得可口些。

"咔咔咔"，屋子里的黄勤正在熟练地切着菜。

做好饭，黄勤顾不上尝一口就赶紧盛好了端给妈妈。

"妈，吃饭了。"黄勤端着饭菜来到妈妈床边，用手轻轻掀开帘子。

一个脸色蜡黄的中年妇女慢慢坐了起来，枯瘦的双手把饭碗接了过去。她就是黄勤的妈妈，两年多的病痛折磨已经将她摧残得虚弱不堪。

"淡不淡？"黄勤凑到妈妈耳边大声问道。因为生病的缘故，妈妈的听力下降得厉害，每次黄勤跟她说话，都必须凑到她耳边大声喊才行。

"嗯。"妈妈轻轻地点了点头。

因为化疗，妈妈的头发掉了不少，以前那头乌黑的秀发早已不见踪影，取而代之的是一顶套在头上的毛线帽子。

黄勤温柔地帮妈妈整了整帽子，说："有些人家的网箱坏了，好多鱼跑了出来。"

"是吗？"妈妈抬起头笑着看看女儿。

"是啊，沙滩上有好多死鱼，有时间了我带你出去看看。"黄勤笑着说道。妈妈在

超级链接

化疗是化学药物治疗的简称，即利用化学药物阻止癌细胞的增殖、浸润、转移，直至最终杀灭癌细胞的一种治疗方式。它是一种全身性治疗手段，和手术、放疗一起，并称为癌症的三大治疗手段。当然，因为化疗药物的选择性不强，在杀灭癌细胞的同时也会不可避免地损伤人体正常的细胞，从而出现药物的不良反应。因此，在接受化疗药物的时候，一方面希望能够达到最佳的抗肿瘤作用，另一方面也要注意预防和识别化疗药物的不良反应。

家长时间卧床，不仅要忍受病痛的折磨，还要饱受百无聊赖的煎熬。因此，每当妈妈烦闷的时候，黄勤就会骑车载着她出去转转。

"嗯。"妈妈点了点头，然后又扒拉了一口饭。

"我们考试了，我考了十一名。"黄勤凑到妈妈耳边说道。

"多少？"妈妈没有听清楚，转过头来疑惑地问道。

"十一名。"黄勤一字一顿地回答。

"你怎么不考第一名？"

"第一名好厉害的，哪有那么容易啊！"黄勤说着靠在妈妈肩上撒起了娇。

在妈妈眼里，黄勤就是她的贴心小棉袄。而在黄勤眼里，妈妈就是她的精神支柱，与妈妈聊天、照顾妈妈是她最幸福的事情。

爱的温暖

吃完饭，黄勤麻利地将家里收拾停当，还没来得及休息，就又开始忙活起来。自从妈妈生病后，家里的重担都落在了爸爸肩上。看着爸爸瘦弱的身体被生活摧残得每况愈下，心有不忍的黄勤曾向学校提出过退学，

一来可以好好照顾病重的妈妈，二来可以帮
爸爸分担些压力，毕竟两个弟弟还年幼，尚
不能承担家庭的责任。尽管班主任和校长极
力反对，她依然坚持。直到爸爸哭着说对不
起她，要她保证好好读书，她才打消了退学
的念头。

　　院子里横七竖八地堆放着爸爸从山上捡
回来的柴火，黄勤要做的就是把这些柴火都
砍成小段并整理好。只见她用脚踩住柴火，
用力挥舞着手中的斧头，每次斧头落在柴
火上，她的脚都会被重重地震一下。就一会
儿的工夫，她不仅胳膊酸痛得厉害，连脚都
站立不稳了。

　　每当砍好一些柴火，黄勤就用绳子将它们捆成一捆，然后整齐地堆放在院子里。一个下午过去了，一捆捆柴火就这样慢慢地堆了起来。看了看渐渐西斜的太阳，黄勤连忙放下手中的活儿，把妈妈搀扶进屋里，将准备好的药递给她："妈妈，吃药了！"

　　"不想吃，吃了也没用。昨晚出去一下，身体一动到处都痛。这里痛，那里痛，我还不如死了算了！"

　　"傻瓜，不吃药怎么会好呢？"黄勤说着脸上勉强挤出一丝微笑，然后用手轻轻拍了拍妈妈，"快吃吧，外婆一会儿就过来看您了！"

"真的？"听到外婆要来，妈妈脸上露出了笑容，接过碗一股脑儿把药吃了下去。在被病痛折磨的日子里，妈妈格外期待外婆的到来。

天快黑的时候，外婆终于赶来了，妈妈就像个孩子一样，紧紧地握着外婆的手说个没完。

"身上疼得很，晚上睡不着！"妈妈抓着外婆的手诉苦道。

"不是很冷啊，你盖的被子太薄了。你还有被子吗？我那里有。"外婆心疼地摸了摸妈妈的肩膀。

外婆的年龄大了，耳朵也不太灵光，所

以两个人交流起来常常是各说各的，但言语中总是透露出对对方的关怀。

黄勤静静地看着她们聊天，享受着这份难得的温暖。她心想，答非所问其实也挺好的，可以自由表达自己的意思，这种感觉真的很好。

无言的恐惧

天色渐晚，外婆虽有不舍但毕竟年纪大了，只能早早回了家。妈妈的病一天天加重，脾气也变得时好时坏，只有在外婆到来时才会难得平静下来。

黄勤经常逗妈妈开心，希望妈妈能够好

起来。偶尔她也会做梦，梦见妈妈的病好了，奇迹出现了。

"吱扭"，黄勤正想得出神，门突然被推开了，黄勤的爸爸慢慢走了进来。

爸爸本就身材矮小，生活的重担更是使他消瘦了许多。看着爸爸疲惫的身影，黄勤的心里一阵酸楚。

"外婆走了？"爸爸一边拍着身上的土一边问道。

"嗯，今天看过妈妈以后就走了，两人聊了好一会儿。"黄勤轻声说道。

"你妈妈睡了？你也早点儿休息吧！"爸爸看了一眼床上的妈妈，转过头来对黄勤说道。

"嗯，我知道了。"黄勤笑着轻轻地点了点头。

这个坚强的女孩儿，只能用强颜欢笑来掩饰内心的苦楚。在本该简单纯真、追求梦想的年纪，她却在心里上了一把锁，快乐进不去，痛苦出不来。

农村的夜晚特别安静，黄勤躺在被窝儿里久久不能入眠。妈妈日渐虚弱的身体时时敲打着她的内心，一种无言的恐惧总在夜晚悄悄蔓延。这个十七岁的孩子，总是担忧不知道哪一天自己睁开眼就会失去挚爱的亲人，泪水在她的心里肆意地泛滥着……

格言

临着一切不平常的急难，只有勇敢和坚强才能拯救。

——沙甫慈伯利

撑起蓝天的稚嫩双手

导 读

    母亲去世后，十六岁的他和十四岁的她与父亲相依为命。可是，年近六十的父亲不仅患有先天性眼疾，十多年前在田里干活儿时还伤了脚，基本丧失了劳动能力。靠着政府低保和学校给的补助，一家人的生活捉襟见肘。为了支撑这个家，他早早地承担了家里大部分的劳作，而她则毫无怨言地照顾着父亲。

弱肩扛起重担

    浦北龙门镇学塘村里，十六岁的蔡紫阳正坐在门边削竹片子。他的表情专注，手法熟练，很快就削好了不少。十四岁的妹妹蔡子营蹲在哥哥身旁，眼睛认真地看着哥哥，手里把玩着哥哥用削好的竹片子编织的箩筐。

    过了一会儿，紫阳削够了竹片子，兄妹

31

俩便匆匆上山砍柴去了。

因为树下散落的枯柴很少，不够家里用，所以紫阳每次都只能爬到树上砍柴。紫阳心疼妹妹，不忍心让她爬，便让她在树下捡枯柴。

小山似的柴堆被兄妹俩用竹片子熟练地捆好，然后各自背着一大捆急急地往家赶。尽管肩膀被重重的柴捆磨出了茧子，细细的竹片子勒得肩头又痛又痒，兄妹俩的脚步却一刻也没有停。

年近六十的爸爸还在家里等着他们吃饭。十多年前，患有先天眼疾的他在田里干活儿时伤了脚，因为没有得到及时的治疗，现在已经溃烂得不成样子。爸爸基本丧失了劳动能力，给这个本就不富裕的家庭带来了沉重的打击，三年前妈妈的病逝更是雪上加霜。从那一日起，作为长子的紫阳就肩负起了支撑整个家庭的重任。

匆匆赶回家，紫阳和子营迅速吃完午饭，水还没来得及喝一口，就又赶着去种甘蔗了。子营负责搬甘蔗，紫阳负责挖地。两人一言不发地在地里干着农活儿，动作非常熟练，丝毫不亚于一个成年人。

自从爸爸的脚受伤后，他便很少来照看

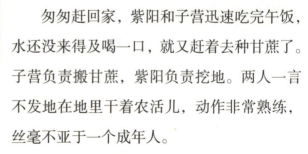

田地了。而兄妹俩平时又要上学，所以只有在周末的时候他们才能过来打理一下。疏于照看的田里杂草很多，各种各样的虫蛇也很多。

"哎哟！"子营忽然惨叫一声，一条粗长的蜈蚣正被她用力抖落。

紫阳一脚把蜈蚣踩死，然后急忙蹲下身去看妹妹的腿。小腿上的伤口已经红肿起来。

"哥哥，好疼啊！"子营强忍着眼泪向紫阳诉苦，只有在这个时候，她才表现得像是一个十四岁的孩子。

满头大汗的紫阳着急地在田埂边寻找着。突然，他的眼睛一亮，立刻扯下几片树叶喂给子营。树叶的汁液很苦，却是止痛的良方。很快，子营就感到不那么疼了，站起身来，继续一言不发地搬着甘蔗。

紫阳看了看妹妹，也弯腰继续干起了农活儿。他的手臂很有力，拥有同龄人所没有的强健肌肉。曾经有人开玩笑和他说，要是像他这样干一个月的活儿，就能变成施瓦辛格了。

紫阳听了只是笑笑，他不知道施瓦辛格是谁，他的心里只想着如何支撑这个小小的家。

超级链接

甘蔗，多年生热带和亚热带草本植物，喜温、喜光，主要用于制糖，还可提炼乙醇作为能源替代品。医学研究表明，甘蔗含有丰富的糖分、水分，含有对人体新陈代谢非常有益的各种维生素、脂肪、蛋白质、有机酸、钙、铁等物质。当今世界有一百多个国家出产甘蔗，较大的甘蔗生产国有巴西、印度和中国。

兄妹相依为命

　　周末回家的时间很短，除了甘蔗地，他们还有一小块香蕉地需要打理。对于普通人家来说，看管这一小块香蕉地绝对不是什么问题，而对于家里没有劳动力的蔡家，却是一个很大的问题。

　　爸爸伤残，兄妹俩要上学，缺乏管理的香蕉地里长满了野草。为了让香蕉树能够好好地生长，结出很多香蕉，打理完甘蔗地，兄妹俩又在香蕉地里锄起了草。

　　锄完草，接下来就该施肥了。可是，因为家里穷困，养不起什么家禽，而化肥又极为昂贵，所以兄妹俩每次都是去亲戚家挑一些猪粪、猪尿回去施肥。这不，紫阳熟练地挑着两只桶，带着子营来到了附近一户亲戚家。

打开猪圈大门，受到惊吓的猪嗷嗷叫着四处乱跑。还没有走进猪圈，一股冲鼻子的臭味就扑面而来，但紫阳和子营并没有捂着鼻子露出嫌弃的表情，而是面无惧色地开始铲起了猪粪，因为他们早已习惯了这样的气味。

湿重的猪粪压得铲子高高翘起，紫阳咬着牙，费好大劲才能将猪粪铲进桶里。铲完猪粪，紫阳又开始用勺子往桶里舀猪尿。

肥料准备充足后，紫阳挑起扁担就和子营往香蕉地走去。重重的两只桶压得扁担嘎吱嘎吱作响，紫阳却脚步沉稳地一直往前走着，一步也没停歇。

回到香蕉地，紫阳和子营一起认真地将猪粪、猪尿浇在香蕉树下，盼望着今年能结出品相好的香蕉，多卖一些钱，为家里减轻一点儿负担，最主要的是能够给爸爸买些好点儿的药。

在兄妹俩的记忆中，妈妈生前就患有精神疾病，无法给他们正常的母爱，但他们从未有过抱怨。现在，妈妈的离去已是他们内

心不愿触碰的伤痛，因此他们更加珍惜眼前的亲人，希望年迈的爸爸能够身体健康。

担起艰苦亦为乐

因为没钱治疗，爸爸的脚伤一直不见好，溃烂的地方哪怕是不小心被草碰到都会流血。为了保护伤口，爸爸总是用一个纸箱罩着脚。

今天，趁着自己和妹妹都在家，一干完活儿，紫阳便拿来一瓶洗发水给爸爸洗脚、清理伤口。这瓶洗发水是他捡来的，虽然过期了，却是清理爸爸脚伤唯一的清洗剂。

"能捡就捡，能卖就卖"，这早已成为兄妹俩和爸爸生活的常态。尽管脚已经溃烂，很难行动，但是为了多攒些钱，在孩子们外出读书时，爸爸还是会下地干活儿。可是，毕竟身体不如别人，再顽强的硬汉也有无奈的时候。

"别人家的孩子都是当个宝似的养到大，我生了你们，却给不了你们好的生活，我对不起你们。"每当看到两个孩子为了生活不停地忙前忙后，爸爸总会这样哭着自责。

虽然有政府低保和学校给的补助，一家

人的生活还是十分艰难。除了给爸爸买药，兄妹俩从不会为自己花一分钱，就连衣服也都是穿别人送的。每次，紫阳总是只拿够他穿的衣服，其余的他都会退回去，因为他希望这些衣服能够送给更需要的人。尽管生活的重担过早地压在了兄妹俩的肩上，但是面临比同龄人更难的挑战，他们依然能够苦中作乐，因为懂事的他们知道，眼泪只会让这个家庭更加无助。

房子透风，又小又乱，能看见的东西基本上都是捡来的。房顶有无数的细小缝隙，下雨的时候偶尔也会漏水。铁架子做的上下铺，妹妹睡在上面，紫阳和爸爸睡在下面。

就是这么一间房子，子营却认为它是一棵"圣诞树"，一棵挂满了礼物的圣诞树。她常对人说，那些瓦片就像是圣诞树的叶子，那些砖头就像是圣诞树上挂着的礼物，她就睡在圣诞树里。

有人问子营："你见过圣诞树吗？"

子营有些腼腆地笑着说："在书本上见过的。"

就是在这样一间外人看来又破又烂的房子里，紫阳和子营洒下了无数的欢声笑语，

坚定地扛起不属于这个年龄的孩子该承担的
责任。哪怕再破烂，只要有爸爸在，就是一
个温暖的家，就是心底最大的牵挂。

格　言

不经一番寒彻骨，怎得梅花扑鼻香。

——黄蘗禅师

我能做的微不足道

导 读

在她两岁的时候，母亲就离开家再也没回来。为了还几年前盖房子欠的钱，父亲又常年在外打工，十三岁的她只能和爷爷奶奶相依为命。种玉米、砍柴、煮饭、切猪菜、喂猪，每当周末回家，她总是帮着爷爷奶奶干些力所能及的活儿。就这样年复一年，日复一日。

艰苦的生活环境

桐花绽放，大山雾气缭绕，远处的梧桐林里隐隐约约能看见一个瘦小的人影，时而低头，时而阔步前行。

"一个小心愿，藏在我梦田，愿那小雨洗去尘烟……"随着阵阵清脆的歌声，人影越来越近。原来是一个小姑娘，提着篮子的她正认真地在草丛中寻找着什么。

她就是家住在广西壮族自治区天峨县顶

超级链接

桐花即梧桐树之花。梧桐是中国古老的树种，实用价值广泛，与生活关系密切。同时，桐花是清明"节日"之花，清明的政治仪式、宴乐游春、祭祀思念等社会习俗构成了桐花的文化内涵。

茂村粉头屯的刘芳媛。她正在草丛里采蕨菜，这个季节的蕨菜是天然美味，她要为爷爷奶奶做自己最拿手的炒蕨菜。

从小就与大山为伴的孩子，可以很快在草丛中辨认出什么样的蕨菜是新鲜的，什么样的蕨菜是老的。

不一会儿，她就采了满满一篮子蕨菜。回到家，她便开始忙活起来，洗菜、切菜，她的动作麻利极了。

一家人平时的饭菜都是就地取材，能省就省。只见她把蕨菜倒进锅里，没有放任何其他的东西，来回翻炒了几下就盛出来了。接着，她爬上阁楼拿出平时储存的干辣椒，把它们捣碎，放在锅里滚了几圈，然

后放上点儿蕨菜汤，就可以蘸蕨菜吃了。这样一顿饭做起来看似简单，却是刘芳媛用眼泪换来的，因为她要被烟熏上无数次。

终于，饭做好了，刘芳媛和爷爷奶奶围坐在"餐桌"前吃了起来。所谓的"餐桌"，实际上就是一口锅上面搭了一块木板，是村里过去流传下来的"土法餐桌"。在这样的"餐桌"上吃饭，每夹一次菜都要小心翼翼，要时刻注意不能将菜盆弄翻。

随着生活水平的提高，这种餐桌在当地已经很难见到，刘芳媛家是为数不多的还在使用这种餐桌的家庭。尽管吃的、用的都不好，刘芳媛却感到很满足。对她来说，只要有爷爷奶奶的陪伴，每一天都是快乐的。

倾尽全力

年过古稀的老人，本该有一个儿孙绕膝的幸福晚年，可是为了唯一的孙女，爷爷奶奶还在拖着年迈的身躯辛苦劳作，再苦再累也毫无怨言。

因为没有收入来源，爷爷只能通过种玉米来换些钱，维持家里的生计。原本奶奶还可以干一些重活儿，但是八年前，奶奶上山找牛时，不小心从山上摔了下来，造成腰部骨裂，又因为没能得到及时救治，就落下了腰疼的毛病。从那以后，奶奶做什么都不太方便了。不过，奶奶也没有因此而闲着，她在家养了几头猪，想着等把猪卖了，好给刘芳媛买几件衣服。

春天来了，正值玉米播种的时节。大山里耕地稀缺，爷爷便在山坡上开垦出一块荒地。尽管玉米地的收成不高，但仍要仔细耕耘，因为这是祖孙三人全部的希望。种出来的玉米既要当口粮，又要给奶奶养的猪当饲料。

爷爷今年已经七十三岁了，却还要辛苦劳作，锄地、播种，什么都得亲自动手。

　　"我命苦得很，我儿子又没本事，出去打工也挣不到什么钱。刘芳媛还小，才念四年级，只要她好好上学，我累点儿也无所谓。"当别人问爷爷辛不辛苦的时候，他总是这样回答。

　　幸好刘芳媛是一个懂事的孩子，她明白自己身上必须扛起的责任。一到周末或者放假，所有家务活儿她都抢着做，洗衣、做饭、帮奶奶喂猪、切猪菜……只要是她能做的，她都会尽力去做，毫无怨言。不仅是家务活儿，赶上农忙时节，她还会跟着爷爷下地，和爷爷一起锄草、种地。在学习上，刘芳媛也是一个优秀的孩子。她很争气，从小学一年级到四年级，每学期考试都能考第一名或者第二名，家里的墙上贴满了她的奖状。她知道爷爷奶奶对她寄予的厚望，也一直在以优异的学习成绩来回报爷爷奶奶。

给奶奶洗头发

　　奶奶的腰伤一直是刘芳媛心头最大的隐忧，当别人问她长大了想做什么时，她会坚定地说："我长大要上大学，要当医生，给奶奶治病。我想快点儿长大，然后把奶奶的病治好。"

因为担心奶奶的身体，怕奶奶弯腰时腰会疼，刘芳媛总是不放心让奶奶自己洗头发，每次不等奶奶开口就会主动提出来给她洗头发，基本上是一个星期洗一次。这不，刘芳媛今天又在给奶奶洗头发了。

"奶奶，烫吗？"刘芳媛关心地问。

"不烫。"奶奶笑着说。

这样的场景在刘芳媛家里不知上演了多少回。以前都是奶奶给她洗头发，现在她长大了，可以给奶奶洗头发了。可是，看着奶奶越来越稀少的白发，她不免感到忧伤，因为这意味着奶奶越来越老了。

"我好想有个妈妈，如果有妈妈的话，爷爷奶奶就不用这么辛苦地照顾我了。我不

想爷爷奶奶这么大年纪了还下地干活儿，我不想他们出什么意外，我想他们好好地安享晚年。"每当夜深人静的时候，刘芳媛总会这么自言自语。这是她心底最真实的想法，也是她最大的心愿。

在这个静谧的大山里，晚上的气温很低，头发要靠炭火才能烘干。每次帮奶奶洗完头发，刘芳媛都会搀扶着奶奶坐到火炕旁，一边帮奶奶梳头，一边陪奶奶聊天。

夜晚的气温总是让人感觉到一丝丝凉意，而刘芳媛正如这微弱却温暖的炭火，温暖着奶奶饱经风霜的身体。对这个风烛残年的老人来说，还能享受多少回孙女为自己洗头发的幸福呢？

眼前的画面是多么美好啊，美好得让人不忍心去打破。他们的生活尽管苦、尽管累，却处处充满了温馨。

格 言

坚强者能在命运之风暴中奋斗。

——佚 名

弱肩挑起一个家

导　读

　　父亲因事故意外去世，母亲改嫁他乡，十六岁的她早早地就承担起家庭的责任。爷爷是残疾人，奶奶已经八十二岁了，弟弟年幼，没有劳动力的家庭只能依靠低保和养老保险维持生活。周末回家种菜，假期回家耕作、砍柴、做饭……这些俨然已成为这个花季少女的生活常态。

清贫的生活

　　群山环绕，山路崎岖，在一座房屋前，一个女孩儿正在认真学习。她就是杨紫蓉，今年十六岁，是一名初三的学生，家住在贵州省黔东南苗族侗族自治州雷山县方祥乡格头村三组的一个苗家寨子。

　　眼看快中考了，学习的任务越来越重，紫蓉只能抓紧每分每秒，为考试做准备。然而，

超级链接

雷山县位于贵州省黔东南苗族侗族自治州西南部，人口以苗族为主。雷山民族风情浓郁，2004年，被中央电视台等媒体评为"全国十大最好玩儿的地方"。2008年，雷山被评为"贵州十大影响力风景名胜区"和"中国苗族银饰之乡"。雷山县有2000余种生物物种，包括国家珍稀保护动植物资源50余种，同时还有黑熊、麝羊等23种国家二类保护动物和天麻、杜仲等200多种名贵野生中药材，有"天然绿色聚宝盆"之称。

她心里总是放不下爷爷奶奶和弟弟，怕他们不能好好照顾自己。

这不，还没到中午，紫蓉就连忙收起课本，准备去做午饭了。一盘清水蕨菜，一碗盐，就是一家人平时的午餐。

十几岁正是长身体的时候，应该多吃有营养的食物，可是由于生活拮据，拌野菜成了这个家的家常便饭。而肉，只是过年过节和迎接贵宾时才能吃到的奢侈品。虽然很想念爸爸在时经常带回来的肉，但是懂事的紫蓉从小就知道生活不易，即使每日野菜，也不曾抱怨。

爷爷奶奶年纪大了，孝顺的紫蓉总是尽量帮奶奶多分担一些家务，并细心照顾残疾的爷爷。已入耄耋之年的爷爷常年疾病缠身，行动极为不便，几年前，在干活儿时还意外摔倒，记忆出现了严重问题，甚至已经认不出自己的家人。昨晚，爷爷又犯病了，只说很痛，却不知道哪里痛，好像是全身都在痛。

每每想到这些，紫蓉总会忍不住掉下眼泪，她最怕的就是爷爷也突然离去。失去爸爸的痛还未平复，她不想再次面对跟亲人永别的场景。

相互关怀的母女

紫蓉原本有一个幸福美满的家，爸爸靠装修房子挣钱，妈妈操持家务，一家六口相互照顾，过着平静安稳的生活。谁料天有不

测风云，几年前，正从外地赶着回家过年的爸爸在路上发生了意外，就这样丢下一家老小撒手人寰了。

一夜之间没了顶梁柱，对于这个原本就不富裕的家庭来说，无疑是雪上加霜。不久之后，妈妈也离开了，改嫁到了贵州凯里。

其实，妈妈也不忍心离开他们，可是，她又有什么办法呢？爸爸走后，面对这一大家子，身体伤残的她连最基本的吃饭问题都无力解决。虽然有低保和养老保险，但仅靠这些根本无法养活全家人。她没有劳动力，也挣不到钱，不知道以后该怎么生活。最终，她选择了离开。

妈妈改嫁时，爷爷奶奶都很伤心，失去儿子的同时又失去儿媳，他们不知道还有谁可以依靠，只能把全部的希望都放在年仅十六岁的紫蓉身上。好在妈妈虽然已经改嫁，但还是会经常抽空回来帮忙干活儿。

两地奔波，同时还要兼顾两个家庭，妈妈肩上的压力很大，有时也会觉得辛苦。但是，为了不影响紫蓉的学习，再辛苦妈妈也坚持下来了。懂事的紫蓉知道妈妈有伤在身，总是会尽自己最大的努力去减轻妈妈的负担。当然，她也没有耽误学习，哪怕有一点点空闲时间，她也会充分利用起来。

人在失去之前，总是不懂得珍惜，只有在失去之后，才会明白珍惜的意义。现在想起爸爸，紫蓉还会为自己曾经的任性感到懊悔。以前，她不知道生活的压力有多大，不知道家庭的重担都压在爸爸一个人身上，不知道他一个人养活全家有多么不容易。以前，她总是不喜欢和爸爸说话，因为爸爸脾气有些暴躁，上学那么久，她从没给他打过电话。以前，她总是把爸爸往坏处想，没有想过爸爸所做的事情都是为了他们好。现在，剩下的只有无尽的后悔，每次

一提起爸爸，她就泣不成声。是啊，还没来得及尽孝，就已经经历了生离死别。

对于紫蓉来说，现在最让她感到害怕不安的是爷爷奶奶和弟弟。她怕他们生病，怕自己无能为力。她不能想象失去他们家里会变成什么样，她不知道那个时候的自己是否还有生活下去的勇气。小小年纪的她，本该像同龄人一样在父母的庇护下无忧无虑地成长，生活的磨难却迫使她不得不一夜之间长大。

小小顶梁柱

眼下正值春耕，看着别人家的田里早已插上秧苗，紫蓉只能趁周末把家里剩下来的

牛粪挑到田里，为插秧做准备。

家庭不幸，命途多舛，虽然她只有十六岁，如今却成了家里最主要的劳动力。以前，所有重活儿都是爸爸干，现在全压在了紫蓉身上，她用柔弱的双肩毅然扛起了照顾家人的重任。

牛粪很重，紫蓉挑得很吃力，但是她从未喊过累，明明年纪还小，做起这些事情来却已经很熟练了。

奶奶今年八十二岁，身体已经大不如前。看到紫蓉一个人撑起这个家，小小年纪没个大人依靠，她很是心疼，尽管腿脚已经不利索，但每天都会到离家比较近的地里种一些土豆、玉米，希望以此能减轻紫蓉的负担。在家里，奶奶也总是尽量多做一些家务，帮忙煮饭或者去山坡上摘野菜。

插秧和离别

为了让自家的田里能尽快插上秧苗，紫蓉还要牵牛上山犁田。在同龄人还在尽情玩耍的时候，她已经能够拿起犁头，熟练地耕地了。

紫蓉的性格是开朗乐观的，一点儿也不

内向，很招人喜欢。但是尽管如此，她的内心其实也很迷茫。她不知道怎么样才能改变现状，才能让生活变得好一些。虽然妈妈会经常回来照顾这个风雨飘摇的家，但已经改嫁了的她常常也是心有余而力不足。

紫蓉很感谢妈妈。她知道妈妈的身体不好，知道妈妈改嫁是想给他们找个新爸爸，让他们的生活能好一点儿，同时也能减轻她的负担。在她的心中，妈妈是一个坚强、勇敢、勤奋的好妈妈。

每当和妈妈别离时，紫蓉的心里总会感到很失落。追着车子，看着车子渐行渐远，她是多么希望妈妈能留下来陪陪自己啊！然而，这终究只能成为奢望，妈妈要承担的责任太多太多，为了生活，为了孩子，她不得不两地奔波。雾色里，只留下紫蓉孤单的身影翘首以盼。

她害怕与妈妈离别，害怕以后再也见不到妈妈。因为在她心中，最遗憾的事情就是没能见到爸爸最后一面。

或许是基于这样的遗憾，她才会把对爸爸的爱都放在爷爷、奶奶、妈妈和弟弟身上，把当年没能来得及付出的真心都献给

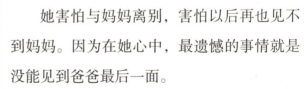

这个家。她希望远在天国的爸爸能够原谅她当年的不懂事，希望年迈的爷爷奶奶能够安度晚年，希望妈妈能够过得幸福，希望弟弟能够上大学。为此，她愿意倾其所有。

格 言

只有刚强的人，才有神圣的意志，凡是战斗的人，才能取得胜利。

——歌 德

担责孝老好男儿

导读

父亲病故，母亲改嫁，十四岁的他和年仅九岁的弟弟俨然成为家里最主要的劳动力。修房子、摘玉米、做家务、照顾七十多岁的爷爷奶奶……在这个困难的家庭，他们就是全部的希望。

浦北县位于广西壮族自治区南部，隶属钦州市，是中国种植香蕉面积最大、产量最高的县，被誉为"中国香蕉之乡"。同时，浦北还是"广西绿化模范县"，全县的森林覆盖率高达64.76%。浦北有中国连片面积最大的天然次生红椎林，被列为国家重点保护林区。

兄弟齐力修陋室

又到了南方多雨的季节，广西壮族自治区浦北县北通镇社根村的人们都已经很久没见到太阳了，洗了的衣服晾晒好几天都还能挤出水来。于是，人们只好都躲在家里享受这难得的清闲时光。

然而，这样的天气对于有些人家来说并非是一种享乐，而是一场灾难。

"叮叮叮……当当当……"

叮叮当当的声音混杂着雨水落下的声音

传入人们的耳中。顺着声音望去，一座破旧的小土屋的屋顶上，一个男孩儿正在补屋顶。

"哥，你小心点儿！"土屋底下，一个扶着梯子的男孩儿喊道。雨水打在他的脸上，模糊了他的视线，可是他的眼睛却紧紧地盯着哥哥，一刻也不曾移开。

修屋顶的男孩儿名叫吴志永，今年十四岁。扶梯子的是他的弟弟吴本志，今年九岁。兄弟俩年幼丧父，随后母亲改嫁，家中只有他们和七十多岁的爷爷奶奶。因为爷爷奶奶年事已高，兄弟俩便成为这个家主要的劳动力。

一家人居住的房子年久失修，一到下雨

天就会漏雨，更何况是接连几天的大雨，房子更是漏得厉害。兄弟俩不忍心让爷爷奶奶着凉，便冒着大雨上屋顶修补。

"哥，修好了吗？"吴本志冻得全身瑟瑟发抖，忍不住催促道。

"快了，马上就好。"吴志永的声音也颤抖着。

几分钟后，吴志永喊道："弟弟，你快回去看看屋里还漏不漏雨。"

他的话音刚落，吴本志就向屋内冲去，一眨眼的工夫又出来了："哥，小一点儿了，但是那里还在漏。"

顺着弟弟手指的方向望去，吴志永发现

那里的瓦片被雨水冲开了。他小心翼翼地走过去，重新放置好瓦片，便沿着梯子慢慢爬了下来。

看着不再漏雨的屋顶，兄弟俩终于放心了。

艰辛生活乐面对

阴雨天过去了，人们又开始忙碌起来。吴志永也不例外，刚刚吃过早饭，就带着弟弟去玉米地里收玉米了。

"嘟嘟嘟，丰收玉米，丰收玉米。好玉米真好，你真大棵，小蚂蚁，请你让开一点儿，别挡住我呀别挡住我。嘟嘟嘟，丰收了，哎呀掉了……"玉米地里传来吴本志欢快的歌声。

"哈哈哈，弟弟，这是谁教你的歌呀？"

"嘿嘿，我自己瞎编的。"

"你的玉米刚刚掉了？"

"你怎么知道的？"

"你都唱出来了，还问我怎么知道，哈哈哈！"

说完，两人笑作一团。

虽然兄弟俩的生活异常艰苦，但相互搀

扶的二人总能苦中作乐。

　　"弟弟，我们一会儿摘完玉米把玉米秆也砍下来吧！"

　　"嗯，好的，玉米秆给十五叔家的老黄牛吃吧，上次是它帮咱们犁的地。"

　　"是呀，多亏了十五叔家的牛，不然我们就没玉米吃啦！"吴志永说道，"我们快点儿干活儿吧，一会儿就把玉米秆给十五叔背过去。"

　　"好的。"

　　没过多久，他们就砍了一大片玉米秆，用绳子捆好，扎成一捆，两人便向山上走去。

　　"哥，小心滑。"

"没事，你自己也要小心。"

十五叔家住在山的另一头，每次他们都要走很远的路才能到。因为接连几天的暴雨，地里很湿滑，他们只能背着沉重的玉米秆，小心翼翼地在上面行走。

好不容易走到十五叔家，他们放下玉米秆就急急忙忙地往家赶，因为昨天忙着补房顶，院子里的砖头瓦片散落了一地，他们还要回去收拾呢。

"哎哟！"吴本志使出了吃奶的力气还是没有拽动地上的水泥砖槽，反而一屁股坐在了地上。

"你在旁边歇会儿吧，一会儿我来搬。"吴志永一边忙着堆砖头，一边心疼地对弟

弟说。

"没事的，我帮你搬别的吧。"吴本志说着站起来拍了拍身上的土，然后又继续忙碌起来，身上单薄的衣衫已经破了好几个洞。

在这个家里，吴志永不仅是弟弟的兄长，更是担负着教育弟弟的责任，干活儿之余，他总会尽自己的能力帮助弟弟学习。

"我今天教你珠算吧，这是十位，这是百位……"吴志永认真地跟弟弟讲解着。

"哥哥，你真棒，你怎么会这些的啊？"吴本志睁着眼睛崇拜地看着哥哥问道。

"是爸爸……"吴志永欲言又止。

提到爸爸，吴本志的眼眶湿润了，他静静地趴在破旧的算盘上，泪珠从眼角滚落了下来。

孝敬老人爱涌动

忙活了一上午，兄弟俩就像陀螺一样，下午又开始忙碌起来。

时下正是水稻生长的季节，为了不让田地里的杂草乱长，趁着休息时间，吴志永来到田里开始喷洒除草剂。

"你在旁边玩会儿吧，一会儿帮哥哥

灌水。"虽然日子过得辛苦，但是吴志永很感谢自己有个懂事的好弟弟，哪怕再苦再累，他总会尽力为自己分担。

"好。"吴本志坐在地上，静静地抚摩着身旁的农家犬。

不知不觉太阳已经落山了，劳累的一天终于结束了，兄弟俩一前一后地慢慢往家里走去。

吃过晚饭，两人这才有了玩耍的时间，他们在床上嬉闹着，就跟同龄人一样。

爷爷在一旁默默地抽着旱烟，奶奶则在院子里编箩筐。年迈的奶奶虽然已经老眼昏花，但为了减轻家庭的负担，到了晚上仍不肯歇息。

"哎哟！"一不小心，奶奶的手被竹片划破了。

兄弟俩闻声赶忙跑了过来，找出纸巾和胶布，紧张地为奶奶包扎起来。

"没事了，你们去玩吧！"

"奶奶，天快黑了，明天再编吧！"吴志永心疼地说道。

"嗯，好的，奶奶把这个编完就休息。"

"奶奶，我今天还跟你睡。"吴本志撒

娇道。

"好，好，跟奶奶睡。"奶奶的脸上露出了开心的笑容。

"那我就跟爷爷睡吧！"吴志永笑着说。

说完，兄弟俩就跑进屋去扇蚊子了。这是他们每天睡觉前必做的一件事，因为他们想让爷爷奶奶睡舒服些。

他们已经失去了爸爸妈妈，爷爷奶奶是他们在这个世界上最亲的家人，他们不想再次尝到失去至亲的痛苦。尽管年纪尚小，但为了爷爷奶奶，他们不怕苦、不怕累，只希望能好好孝顺老人，一家人能开开心心地生活在一起。为了这个小小的愿望，他们愿意付出一切。

格 言

切莫垂头丧气，即使失去了一切，你还握有未来。

——奥斯卡·王尔德

做你们的保护伞

导　读

　　十二岁，本该是在父母怀中撒娇的年纪，她却不得不像个大人一样养育着自己的双胞胎弟弟，既充当姐姐的角色，又充当母亲的角色。为了维持家里的生活，体弱多病的父亲不得不在工地上出卖苦力，干些杂活儿。而母亲已在四年前抛下他们，从此杳无音信。于是，她用自己本就柔弱的肩膀为弟弟们撑起一片天，成为他们的保护伞。

我是你们的保护伞

　　绿油油的稻田里，一阵微风轻轻吹过，所有稻子都开始迎风起舞，就像是一场愉快的舞会。可是，正在稻田里忙着拔草的小女孩儿却完全没有心情欣赏这幅美景，只是在不停地劳作着。一旁的田埂上，两个小男孩儿正追逐打闹，他们是一对双胞胎。

小男孩儿时不时地偷偷来到田里，立马遭到小女孩儿的呵斥。

"别下来，虫子会吸干你的血！"小女孩儿严肃地说道，俨然一副小大人的模样。

这个小女孩儿名叫唐李妹，家住在广西壮族自治区防城港市防城区扶隆乡那勤村。那对双胞胎是她的弟弟，她之所以吓唬他们，是因为稻田里有一种叫作蚂蟥的虫子，它会爬到人的腿上吸血，她不想弟弟们被咬。

"那姐姐为什么不怕？"大弟弟问道。

"因为姐姐比你们大啊，等你们长到姐姐这么大，能够保护姐姐的时候，你们就不用怕了！"唐李妹一本正经地说道。

这个年仅十二岁的女孩儿，每天不仅要

·超级链接

水蛭，俗名蚂蟥，生活在池沼或水田等处，吸食人畜血液，行动非常敏捷。每年 6 ～ 10 月为其产卵期，冬季往往蛰伏在湿泥中，不食不动，生存能力强。

忙着干活儿，还要照顾自己的两个双胞胎弟弟。四年前，妈妈抛下他们出去打工，后来就一直杳无音信。生活中，她既要像姐姐一样和两个弟弟嬉笑玩闹，又要像妈妈一样细心呵护并严格管教他们。

"我要姐姐陪我玩，我不要跟你玩！"田埂上的两个弟弟不知道因为什么吵了起来，小弟弟哭着跑过来找唐李妹。

"姐姐，他骂我，他说我是个小傻子！"小弟弟哭诉道。

"你怎么能这么说自己的弟弟呢？"唐李妹说着用手敲了大弟弟的脑袋一下。

"大家都这么说，说我有个傻弟弟！"大弟弟不服气地说道。

唐李妹的小弟弟确实有生理缺陷。本来，妈妈当时生的是三胞胎，最小的弟弟刚生下来不久就因为缺氧离开了，小弟弟勉强活了下来，但是智力却发育不全。大弟弟不懂事，总是欺负小弟弟，为此，唐李妹已经教训过他不知多少次了。可是，他毕竟还小，根本不能理解姐姐的良苦用心，每次总是转头就忘。

爸爸的小帮手

安抚完受了委屈的小弟弟，唐李妹带着他们来到了河边。快到中秋了，她想捡些螺炒给爸爸和弟弟吃。

因为担心弟弟在河里滑倒，唐李妹想让

他们先回家去，可是他们就像跟屁虫一样，她走到哪里，他们就跟到哪里。对于他们来说，姐姐更像妈妈，他们不愿意跟她分开。

捡完螺，把弟弟送回家后，唐李妹一刻不停歇地来到了爸爸上班的工地上。这次弟弟没有跟过来，因为唐李妹假装生气了，就为了让他们能好好在家待着。

爸爸没有读过书，也没有技术，平时主要就是做倒水泥、拉斗车、挑沙石这种苦力活儿。放学后，唐李妹会经常过来帮爸爸忙，并给爸爸送些茶水什么的。

工地上，远远的就听见了机器轰鸣的声音。在一个烟尘蔽日的石矿上，唐李妹找到了正在忙碌的爸爸。

"我不是让你以后别过来了吗，你怎么就是不听呢！"看到唐李妹，爸爸心疼地说道。石矿上的烟尘弄得他满身、满脸都是灰白一片，只能看见一双眼睛和嘴巴在动。

"我想过来帮帮爸爸嘛！"

说完，唐李妹快步走到斗车旁，拿起铁锹就铲起了石子。因为个子太矮，铁锹把儿又太长，散落下来的石子经常会砸到唐李妹身上，一会儿工夫，她的身上就被砸得青一块紫一块了。为了不让爸爸看见心疼，她总是把地上的土撒在自己身上，以此来遮住这些伤。

"爸爸，我帮您推！"装完石子，唐李妹又抢着帮爸爸推车。

爸爸的身体不好，又有胃疼的毛病，所以，唐李妹每天都会抽时间来工地上帮爸爸的忙。妈妈已经离开了，她必须要照顾好爸爸，因为爸爸是她心灵疲惫时可以停泊的港湾。

妈妈你在哪儿

干完活儿，天已经快黑了，因为爸爸晚上还要加班，唐李妹只得独自急匆匆地往家赶去，两个弟弟还在家里等着她做饭呢。

回到家，唐李妹简单炒了一个青菜，做了点儿玉米糊糊，就算是他们的晚餐了。为了好下饭，每次炒菜的时候，她总会多放一些盐。虽然生活艰苦，但看着两个弟弟吃得那么香，她还是感到很满足。

吃完饭，帮弟弟洗完澡，唐李妹就哄他们睡觉了。家里只有两张床，一张是爸爸睡的，一张是姐弟三人睡的，尽管有些挤，但他们从未抱怨过，就这样在这间不足十五平方米的土房子里过了一年又一年。

有时候，大弟弟会问唐李妹："姐姐，妈妈是不是不要我们了？"

"不是的，妈妈只是在外面工作太忙了，她会回来看我们的。"

"那妈妈什么时候才会回来啊？"

"等你长大了，妈妈就回来了。"唐李妹总是这样安慰弟弟。

其实，这何尝不是她在自我安慰呢？她已经四年没见过妈妈了，除了无尽的思念，藏在她心里的更多的是担忧。她怕妈妈真的抛弃他们，但更怕妈妈发生意外。每次想到这些，她总会偷偷躲在墙角哭泣。

或许，妈妈就在世界上的某个角落，没准哪天就会回来，她只需要在这里静静地等待就好。

躺在床上，唐李妹久久不能入睡，不论妈妈什么时候回来，她都要好好保护自己的家人，为他们撑起一片天。是的，她会一直等待，等待妈妈归来。

格 言

有坚强的意志，才有伟大的生活。

——托·布朗

远方的亲人

导　读

　　父亲因胃癌去世，母亲不久后也带着弟弟改嫁，只留下十四岁的她与八十多岁的爷爷奶奶相依为命。洗衣、做饭、挑水、砍柴，她几乎承包了家里所有的家务活儿。为了生活，为了对这个家至关重要的每天二十元的收入，一到周末，她都会和爷爷去邻村收笼捕鱼。生活艰辛，甚至连菜都是借别人家的，但她并不觉得苦，唯一的心结就是妈妈的无情抛弃……

爷孙苦持家

　　在广西壮族自治区防城港市的光坡镇，有一个坐拥红沙群岛的老渔村——红沙村。因为水质好，沙滩狭长，一退潮就会有许多新鲜的鱼、虾、蟹、螺，所以经常有周边村子的人来这里讨生计。这不，一个瘦弱的女孩儿和一位头发斑白的老人正在使劲收笼。

女孩儿名叫杨嘉烨，老人是她八十多岁的爷爷。每到周末，她就会和爷爷走上两个多小时的路，来到这里帮海上的渔家收笼捕鱼。

嘉烨是个苦命的孩子，三年前，爸爸患胃癌去世了，没过多长时间，妈妈也带着弟弟改嫁了。从此，她再也没有听到过任何关于妈妈和弟弟的消息。

现在，家里只剩下她和八十多岁的爷爷奶奶相依为命。奶奶身体不好，不能干重活儿，一家人的生活基本就靠年迈的爷爷独自承担。为了维持生计，爷爷一把年纪了还要在海上帮别人干活儿。每天二十元，就是

光坡镇位于广西壮族自治区防城港市东南面，距防城港市仅 18 千米，水陆交通便利。光坡镇是防城港市港口区最大的农业镇，也是海水养殖面积最大的乡镇，主要盛产对虾、青蟹、沙虫、文蛤、大蚝及泥蚶等海产品。

这个穷困家庭的全部收入。为了这个微薄但却重要的收入，爷爷每天都会出去收笼，一天都舍不得落下。

爷爷的辛苦嘉烨都看在眼里，只要一有空，她都会抢着帮爷爷奶奶分担家务，洗衣、做饭、挑水、砍柴，这些家务活儿她几乎全包了。清贫的生活并没有让她觉得累、觉得苦，她一直在努力地和爷爷一起操持着这个家。

乖孙敬老人

爷爷奶奶年事已高，有些事情已经力不从心。每到周末，嘉烨都会尽量多帮他们做些事情。

像往常一样，收完笼回到家后，嘉烨还没来得及休息，就拿着柴刀匆匆出门了。

平时，爷爷奶奶上个山都十分费力，更别说是砍柴了。所以每次回家，嘉烨都会给他们准备一周用的柴火。山里的蚊子很多，她被叮得满手的包，可她丝毫不在意，只想着为爷爷奶奶减轻些负担。

昨天刚下过雨，山上的柴都特别湿，很不好砍，才砍了一会儿，嘉烨就已经汗流浃背了。只见她使劲甩甩手，哈了口气，又继续砍了起来。回家的时间太短，还有好多事情要做，她根本没有停歇的时间。

捆好柴，嘉烨用瘦小的肩膀扛着一大捆柴往家里走去。还没有干透的柴很重，她的腰都很难直起来。即便如此，一路上，她一直咬牙坚持着，一句抱怨的话也没有。

回了家，放下柴，嘉烨又一头钻进屋里收拾起来。爷爷奶奶的衣服，家里的床单、被罩，不一会儿就扔了满满一大盆。端着大盆，嘉烨快步向河边走去。因为家里没有自来水，每次洗衣服，她都得端着盆去河边。

忙忙碌碌的一天很快就过去了，天渐渐

暗了下来，晾完衣服，嘉烨便开始打水准备做晚饭。

嘉烨打水有一个秘密武器，就是用一个像篮球一样的工具舀水。这个工具是爸爸做的，用了好多年了，虽然已经破烂不堪，但她一直舍不得扔掉。

别看她年纪小，洗菜、切菜、炒菜，她的动作却是既迅速又熟练。不一会儿，她就把炒好的菜端到了桌上。

今天是周末，难得回家的嘉烨给爷爷奶奶炒了两个菜，一个南瓜叶子，一个酸菜，这对于全家来说便是一顿很丰富的晚餐了。因为家里没有地，所以就连菜都是借别人家的。

看着一家人其乐融融地吃着晚餐，嘉烨的心里顿时感到无比温暖。

无尽的思念

吃过晚饭，嘉烨端来一盆热水帮奶奶洗脚。奶奶去年摔伤了腿，已经无法走路，一只眼睛也因为白内障失明了，生活几乎不能自理。

爸爸去世，妈妈改嫁，嘉烨便成了家里唯一的希望。她以一己之力支撑着这个风雨飘摇的家，承担起家里的所有重担，为年迈的爷爷奶奶遮风挡雨。

每次看到孙女这么辛苦，又想到早逝的

儿子，爷爷奶奶总会流下伤心的眼泪，拉着孙女的手诉说着对她的歉意。

为了不让爷爷奶奶难过，嘉烨早已经学会了用微笑去面对一切，外表坚强的她只有在夜深人静的时候才敢偷偷地哭泣。

她的心里一直有一个心结，这么多年过去了，她始终不明白妈妈当初为什么要抛下自己带着弟弟离开。自那以后，她再也没有提起过妈妈，甚至不让爷爷奶奶提起。尽管如此，她却依然穿着妈妈给她买的拖鞋。

这双拖鞋她已经穿了好多年了，早已破烂得不成样子，可她仍然舍不得扔掉。上次砍柴过河时，拖鞋不小心掉进了河里，她哭

得声嘶力竭，在河里足足找了半个多小时才找到拖鞋。然而，看着好不容易找回的拖鞋，她却哭得更伤心了。

妈妈的抛弃深深地刺痛着她的心，但是在内心深处，她并没有记恨妈妈，更多的则是对妈妈和弟弟无限的牵挂。

一个人静静地躺在床上，对爸爸妈妈和弟弟的思念就像一块沉重的石头，压得她怎么也喘不过气来。也许，只有在梦里，她才可以和弟弟一起躺在爸爸妈妈的怀里，感受那期待已久的温暖。

格　言

要记住！情况越严重，越困难，就越需要坚定、积极、果敢，而越无为就越有害。

——列夫·托尔斯泰

给你我的爱

导　读

　　十一岁的她，从出生开始就和奶奶，以及患有精神疾病的父亲相依为命。父亲有病，从不说话，而母亲也患有精神疾病，在生完她之后就被接回娘家生活了。于是，小小年纪的她只能早早地挑起生活的重担，家务活儿、农活儿，她都会抢着去做。

难言的亲人

　　崇山峻岭之间，一条小路弯弯曲曲地向远方延伸，一个小女孩儿拎着个袋子，独自在山间慢慢前行。这里就是广西壮族自治区桂林市资源县脚古冲村唯一一个没有通公路的地方——岩坳组，只有一条狭窄崎岖的山路通向山外，"脚底板"一直是当地村民别无选择的交通工具。背着书包的小女孩儿名叫杨礼超，今年十一岁，在车田乡读小学六年级，每周都要在这条山路上往返。

深秋的桂林，绿色依旧，这个季节，也是杨礼超一家最忙碌的时候。想到家中还有许多活儿等着自己去做，杨礼超不自觉地加快了脚步。虽然只有十一岁，她却早已承担起照顾家庭的责任。

杨礼超的爸爸妈妈都患有精神疾病，爸爸从不说话，妈妈也时常会精神失常，闹得家里不得安宁，所以在生完杨礼超之后妈妈就被接回娘家生活了。如今，杨礼超只能和年过七旬的奶奶苦苦支撑这个残缺又贫困的家。

奶奶的收入是全家唯一的经济来源，可是，已年过七旬的她由于长期操劳，落下

了一身病，腰椎间盘突出则是最困扰她的毛病。每到农忙时节，她的腰疼病就会变得更加严重。

生活在这样一个家庭里，爸爸妈妈是杨礼超难以向别人诉说的痛。对于她来说，最痛苦的不是别人对爸爸妈妈的嘲笑和戏弄，而是自己成长中的孤独和无处诉说的思念。

走了一个多小时，翻山越岭之后，杨礼超终于到家了。半山腰上的一座破旧的房子，就是她的家。每天，她都要走过小溪、翻过山，才能回到家。

默默承受

"奶奶，我回来了！"杨礼超一边推门

超级链接

脚板薯，番薯的一种。常见的多年生双子叶植物，草本，其蔓细长，茎匍匐地面。块根，无氧呼吸产生乳酸，除供食用外，还可以制糖、制酒精和酿酒。

一边喊道。

门"吱扭"一声开了，透过些许微光，可以看到屋子里的陈设。屋子里没有窗户，又黑又闷，只有两张简单的床和一张木头支起来的桌子。

奶奶已经做好饭在等着杨礼超了，虽然屋里黑漆漆的基本看不清东西，祖孙俩却吃得十分开心。

"来，你吃这个大的！"奶奶挑了一个最大的脚板薯给杨礼超。

"奶奶您吃，我这儿还有呢！"杨礼超说着举了一下手里的小脚板薯。

脚板薯是杨礼超一家的主要粮食，一年四季，蒸的、烤的、煮的，奶奶总是尽量换着花样做。每次，杨礼超总是挑小的脚板薯吃，把大的留给奶奶和爸爸。小脚板薯大多是没有成熟的，皮厚不说，吃起来又干又柴，没什么味道。

"那个不好吃！"奶奶心疼地看着孙女。

"没事的，我已经吃饱了。"说完，杨礼超把最后一口脚板薯塞进嘴里，然后就出去切猪草了。

别看她的手臂瘦弱，不一会儿，她的身

后就出现了一大堆切好的猪草。因为经常切猪草，她的手上早已伤痕累累，大拇指的指甲盖儿也只剩下了半个，那是前几天切猪草时不小心切掉的。

"开饭了，开饭了！"煮完猪草，杨礼超就来到猪圈旁吆喝起来。

这些猪对于杨礼超家来说都是宝，每天她都会把它们喂得饱饱的。看到小猪们吃饱喝足的样子，杨礼超脸上露出了满意的笑容。

猪是吃饱了，人却还要继续干活儿。杨礼超顾不上休息，因为她还要赶去地里帮奶奶和爸爸的忙呢，他们吃完饭就去地里挖脚板薯了。

"奶奶、爸爸，我来帮你们了。"大步

走过来的杨礼超愉悦地说。虽然是累活儿，她的心里却是开心的，能这样和奶奶、爸爸待在一起，对她来说就是一种幸福。

"你看看你，说了多少遍了，还是这样，都被你弄坏了，怎么吃啊！"突然，奶奶心疼地看着地上挖坏的脚板薯说。

因为精神有问题，爸爸总是别人让他干什么他才干，自己是没有主动意识的。而且有时候他还会把事情搞砸，比如现在，他就把脚板薯挖坏了。再加上他本来行动就迟缓，在地里都不知道摔倒了多少次。

"你别挖了，用袋子把脚板薯装起来吧！"奶奶说着一把夺过了爸爸手里的镰刀。

奶奶已经七十多岁了，早年丧偶，含辛茹苦把唯一的儿子拉扯到二十岁，以为苦尽甘来的时候，原本健康能干的儿子却突然病了，反倒成了家里的"负担"。伤心无奈之下，奶奶只能再次扛起整个家庭的重担。幸好杨礼超乖巧懂事，什么脏活儿、累活儿都抢着做。

"唉，奶奶对不住你，你爸爸他……他……"奶奶哽咽了。

杨礼超没说什么，只是默默地低着头干活儿。每次说到爸爸，她都是沉默的，因为她不知道该说些什么，或许什么都不说才是最好的。

无言的爱

回到家里，杨礼超烧了开水，端着一个大木盆过来和奶奶、爸爸一起洗脚。劳累了一天，一家人也只有在这个时候才能静静地享受这难得的时光。

帮奶奶和爸爸擦干脚后，杨礼超就开始给奶奶拔火罐。因为奶奶腰疼得厉害，又没钱上医院治疗，杨礼超只好自己充当奶奶的"小大夫"。

把火罐的罐边弄湿，然后把纸点燃放到罐子里，等燃到一半的时候贴到奶奶腰上去，杨礼超的动作一气呵成，非常娴熟。为了给奶奶拔火罐，她没少被烫，可是，她没有因此放弃，而是一如既往地坚持着，直到熟练了为止。

在杨礼超心里，没有什么比奶奶和爸爸更重要了。这么多年来，是奶奶把她带大的。她知道奶奶过得很辛苦，不仅要做很多家务

活儿，还要照顾她和爸爸。现在，她已经有能力帮奶奶了，哪怕再苦再累，她都要好好孝顺奶奶。

对于爸爸，虽然杨礼超不说，但她心里是爱他的。她觉得他是一个不怕辛苦的好爸爸，只不过是生病了而已。每次让爸爸干活儿，他都是一句话也不说，然后就开始默默地干，就像现在这样。

"爸爸，您砍这根，我砍那根！"杨礼超指着竹子对爸爸说。

爸爸没有说话，举起斧头就砍了起来。从杨礼超出生到现在，他几乎没见爸爸开口说过话，很多时候他都是按照奶奶说的去做。

即使有时候奶奶生气了骂他，他也从来没有半句怨言，总是一个人低头干着活儿。

"爸爸，等我以后长大了，我一定挣钱把您的病看好。还有妈妈，我也要帮妈妈把病看好，然后我们一家人就能生活在一起了！"杨礼超心疼地看着爸爸说。虽然妈妈被外婆接回家了，但她依然想念着妈妈。

杨礼超相信，爸爸妈妈虽然神志不清，但他们是深爱着自己的。这种无言的爱使她感到无比温暖，也变得更加坚强。

格 言

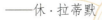

滴水穿石，不是因其力量，而是因其坚韧不拔、锲而不舍。

——休·拉蒂默

给你一片天

导　读

　　父亲离世，母亲改嫁，九岁的她在短短一年时间里承受了生命中难以言语的痛。多年来，她和奶奶相依为命，她们只能靠到山里捡柴、去河里抓蚬勉强维持生活。因为年近八旬的奶奶患有骨质增生，小小年纪的她不得不收起童年的天真烂漫，早早地承担起生活的重担。可是天有不测风云，一场突如其来的洪水摧毁了她的家，使得她和奶奶只能寄居在大伯家。生活的艰难并没有让她退缩，对奶奶深深的爱使她变得越来越坚强。

笑对苦难

　　河水在山间欢快地流淌着，"哗啦啦"地奏着独特的山间小调，河底高低不平的石头清晰可见，这里就是广西壮族自治区钦州市钦南区黄屋屯镇塘营村。

　　河边坐着一个小女孩儿，她的名字叫张枝红，每天都会来这里挑水。突然，几只鸭子一摇一摆地从她身边走过，冲着她"嘎嘎嘎"地叫。她的脸上露出了天真的笑容，也冲着它们"嘎嘎嘎"地叫了几声。

　　灌满两桶水，张枝红就挑着水慢慢往回走去。这样两桶水足足有六七十斤重，瘦弱的她每天都要挑着这么重的担子走一个多小时的路。因为太沉，她的身体也跟着扁担不由自主地来回晃悠着。

　　张枝红瘦弱的肩膀上不仅要承受挑水的重担，还要承受整个家庭的生活压力。在她灿烂的笑容背后，隐藏的是不愿碰触的深深

的伤痛。

张枝红今年九岁，爸爸因肝腹水晚期，无钱医治，去年去世了。几个月后，妈妈也改嫁了。在短短的一年里，她承受了失去爸爸妈妈的双重打击。巨大的伤痛没有把她压垮，小小年纪的她承担起了家里的所有重担，倾尽全力照顾着患有严重骨质增生的奶奶。然而，命运似乎并没有眷顾这个本就贫困的家庭，突如其来的一场洪水瞬间摧毁了她的家。现在，她只能和奶奶借住在大伯家。

虽然生活苦不堪言，但是张枝红的脸上总是挂着灿烂的笑容，总是坚强地用微笑去迎接生活的磨难和艰辛。

为爱坚强

回到家时，汗水已经浸透了张枝红的上衣，头发也变得湿漉漉的。她用胳膊擦了擦额头上的汗水，就拎着桶慢慢走进了屋里。

大伯一家因为常年在外打工，房子一直闲置着，张枝红家的房子被冲毁后，她和奶奶就一直住在这里。因为常年无人居住，大伯家的房子早已变得破旧不堪，房顶的瓦片

好多都已经破碎了，有时候一阵风刮来，瓦片还会被吹落下来。而且，家里所有的窗户都是用旧报纸勉强糊起来的，刮大风的时候根本无法抵挡寒冷。

走了这么久，回到家的张枝红并没有停下来休息一会儿，而是用水洗完蚬后，就把它们倒进烧好的热水里煮。

这些蚬都是张枝红昨天中午去河里捡的，除了自己吃的以外，捡得多的时候就会拿去卖。但很多时候捡来的蚬并不多，祖孙俩都不够吃，更不用说拿去卖了。

张枝红家没有什么经济来源，每天就只能靠吃番薯和她在河里捡的蚬、蚌什么的填

超级链接

蚬，软体动物，广泛分布于除南极洲外各大洲水域。介壳厚而坚，圆形或近三角形，表面有轮状纹。可食用，亦为鱼类、禽类的饵料，并可作为农田肥料。

饱肚子。在河里捡蚬对于张枝红来说并不是一件易事，除了经常被河底的石头扎破脚外，最让她害怕的是水里的蚂蟥和蛇。

以前爸爸在的时候，张枝红都只是在河边远远地看着爸爸在河里捡蚬。现在，为了照顾七十多岁的奶奶，她只有勇敢面对，即使心里依然害怕，对奶奶的爱也让她变得无比坚强。

大约过了半个小时，蚬煮好了，张枝红把锅里的蚬都舀了出来，用碗盖住，然后就去番薯地里准备挖些番薯回来煮着吃。

无言的痛

来到番薯地，张枝红发现奶奶正在挖番薯，连忙跑过去制止道："奶奶，您怎么又下地了，快别挖了，回去躺着休息吧，我一个人挖就行。"

因为患有严重的骨质增生，只要一干活儿，奶奶的腰腿就会痛，甚至会痛到抽搐。为此，张枝红几次三番地拦住奶奶，不让她干活儿，可是心疼孙女的奶奶哪能忍心让她一个人受苦受累呢，每次都会趁她不注意时偷偷下地。几个月前，在一次下地干活儿时，奶奶摔伤了腿，从那之后的很长一段时间，她只能躺在床上养伤。现在，好不容易恢复些，她又下地挖番薯了。

在张枝红的劝阻下，奶奶终于答应回去休息了。看着奶奶离去，张枝红这才安心地挖起番薯来。爸爸的离世，妈妈的离开，使她承受了太多的痛苦。如今，在这个世上，她只剩下奶奶一个亲人，她不想再次面对失去亲人的痛苦。

"爸爸"，这个原本代表着父爱如山的词，现在却成为张枝红心里难以解开的结，就像她细细的胳膊一样，一旦碰触，就会受伤。

然而，最让张枝红悲痛的还是妈妈的离开，她不明白妈妈为什么要抛下她改嫁，不明白自己做错了什么。每每想到这些，她心里的伤痛便久久不能平复，就像有把刀在扎她一样。

尽管如此，张枝红从没有怨恨过妈妈，她只是希望妈妈能够回来看看自己，只是想让妈妈知道自己已经长大，已经能够为家人撑起一片天。

吃完饭，张枝红独自来到山上。三年来，

她每天都会上山捡柴。面对生活的苦难，她没有沮丧，没有抱怨，总是以乐观向上的态度去积极面对，笑对生活中的坎坷和不平。而支撑她坚持下去的动力，就是她对奶奶深深的爱，这份爱会让她在以后的日子里更加坚强。

格　言

生活是一场艰苦的斗争，永远不能休息一下，要不然，你一寸一尺苦苦挣来的，就可能在一刹那间前功尽弃。

——罗曼·罗兰

我是小小男子汉

导　读

　　广西壮族自治区合浦县西场镇谢屋村，有一个十五岁的男孩儿，在他一岁时，父亲就去世了，随后母亲改嫁，他便依靠着爷爷奶奶、姑姑叔叔的照顾艰难成长。现在，他已然长成一个小小男子汉！

小小儿郎扛大梁

　　又到了南方的雨季，今年广西的雨水特别多，据气象台报道，广西境内已经连续六天出现了大范围暴雨，许多农作物都遭到破坏，损失惨重。而合浦县西场镇谢屋村，也没能幸免。

　　在狂风骤雨的间隙，一个男孩儿正在田野间紧张地劳作。只见他低着头，努力地削着木头，一下又一下。他要把一米多长的木头削尖，然后插进被水淹了的稻田里去。

这个男孩儿名叫陈升琪，今年十五岁。在他一岁时，爸爸就不幸去世，不久后妈妈改嫁，只留下他和爷爷奶奶一起生活。这块稻田是升琪家唯一的田地，一家人的口粮就全靠它了。现在，面临暴雨的摧残，能多大程度减少稻田的损失，也只有靠升琪了。

终于，升琪把木头削好了，他连忙把它们扛到稻田里，先轻轻放下并用手扶稳，再使劲插入田里。接着，为了使木头能更加坚固地立在稻田里，他又举起砍刀，狠狠地敲打着木头露出水面的一端。风吹得他东摇西晃，雨淋得他视线模糊，可是他依旧坚定地挺立着。

突然，升琪把手伸进水里，从腿上拽下来一只大蚂蟥。升琪早已见怪不怪，一伸

胳膊，就把蚂蟥甩了出去。随后，他又低下头继续敲打木头，直到它们都平稳地立在稻田里。

接下来，为了把稻田里的缺口堵住，升琪还需要装沙袋。一铲又一铲，一袋又一袋，他从未停歇过。尽管扛每个重达五十斤的沙袋已经累得他筋疲力尽，但他依然咬牙坚持着。

受苦受累藏心中

经过两个多小时的努力，稻田的缺口堵住了，升琪那悬着的心终于落了下来。眼看已经中午了，他赶紧脚步匆匆地往家奔去，因为家里还有两位年迈的老人需要他照顾。

"奶奶，我回来啦！"升琪刚跨进家门，便大声喊道。

"升琪回来了呀，田里的庄稼怎么样啦？"奶奶紧张地问道。

"稻田被冲开一个大缺口，我已经堵上了，现在没事了。"

"那就好，全家可都指望这块田活命呢！"奶奶松了口气，有些后怕地说道。

"没事了，奶奶，您先去歇会儿，我给

您和爷爷做饭去！"说完，升琪便快步走向厨房。

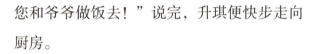

焖上米饭，拿出昨天刚从菜地里摘来的豆角，升琪仔细地用水冲洗着。洗干净后，他又熟练地掰了半盆豆角，并把它们倒进锅里翻炒起来。一阵"噼里啪啦"的响声过后，米饭熟了，豆角也炒好了。

"爷爷奶奶，吃饭啦！"

"我不吃，不吃，就是不吃！"屋漏偏逢连阴雨，在升琪做饭的时候，精神有点儿问题的爷爷突然发病了，他跑到外面，在雨中大喊大叫着。

"我就是不吃，我就是不吃！"爷爷不断地重复着这句话。

升琪见状，连忙将爷爷拉进了屋。看了

看爷爷被雨淋湿了的衣服，担心爷爷感冒的
他又赶忙拿出一套干净的衣服准备给爷爷
换上。可是，爷爷一把扯过衣服，把它狠狠
地扔到地上。

"我不换，我不换！"爷爷毫无意识地喊
叫着。

"爷爷，穿着湿衣服会感冒的，来，我
帮您换上干净的衣服，然后去吃饭。"升琪
捡起地上的衣服，耐心地劝说道。

"你叫我爷爷？谁是你爷爷？谁是你
爷爷？"喊完，爷爷又不顾一切地冲进了雨里。

升琪的心里泛起阵阵酸楚，爷爷养他
长大，在他心中，爷爷不仅是给他关怀的
长辈，更是照顾他吃饭穿衣的"父母"。看
着爷爷这样，顿感无力的升琪既心疼又委屈，

他不知道该怎么帮助爷爷，只能把所有的情感埋藏在心底，默默地陪伴着他。十五岁的他，心中已经能装下好多事了。

渐渐地，雨变小了，爷爷也慢慢平静了下来，恢复意识的他自己换好衣服，坐在了饭桌旁。

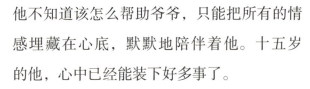

静静地吃完饭，升琪拿出了剃须刀，想趁着爷爷清醒的时候给他刮胡子。

看着这一幕，奶奶的眼里噙满了泪水。她心疼自己年幼的孙子，小小年纪却不得不经历这样的苦难。她不禁想问问上天，为什么要这么为难他们？为什么要让一个孩子经历那么多坎坷？

给爷爷刮完胡子，升琪又马不停蹄地牵着牛犁地去了，这样才能尽快重新种下秧苗，来年才能有个好收成。

再见母亲泪成行

对于升琪来说，苦和累都不算什么，他都能够忍受。最让他忍受不了的是对爸爸妈妈的思念，是对父爱与母爱的渴望。每当夜深人静的时候，他总会在脑海里想象爸爸妈妈的模样，想象自己被他们悉心呵护着，尽管这已经不可能实现。因为家里没有爸爸的照片，升琪便悄悄地根据两个叔叔的模样画了一幅画。在他心中，那就是爸爸，每当思念爸爸的时候他都会拿出来看一看，这样心里就会得到些许安慰。

相较于爸爸，升琪对妈妈的感情十分复杂。他恨妈妈抛弃了年幼的自己，恨妈妈对自己不闻不问。可是，那毕竟是妈妈，再多的恨也会因为血浓于水的亲情瞬间消逝。

简单的母爱，对于升琪来说却是一种奢望。这么多年来，对妈妈的思念日夜侵蚀着升琪幼小的心灵。终于，在历经万般波折后，他来到了妈妈家。犹豫了很久很久，他鼓起勇气，敲了敲门。

很快，门被拉开了，一个女人出现在升

琪面前。啊，那就是妈妈，我日思夜想的妈妈！见到妈妈的一瞬间，升琪激动得呆住了，脑子里一片空白，整个身子都僵硬了。

而妈妈，则愣愣地看着升琪，她似乎没有想过会有母子重逢的这一天，又似乎一直在等待这一天的到来。

"妈……妈……"许久后，升琪怯生生地喊道，眼泪情不自禁地流了下来。

"你……你来啦，快……快进来。"妈妈木讷地回答着，眼眶也不知不觉湿润了。

短暂的交流之后，除了默默流泪，两个人也只是沉默。

突然，妈妈从箱子里拿出一张一百元的纸币，递给升琪。升琪愣了一下，不接，也不说话。

"拿着吧，妈妈的一点儿心意。"说着，妈妈把钱塞进升琪手里。

"谢谢！"升琪生疏地说道，然后又不说话了。

小心翼翼的孩子和不善言辞的妈妈，这对十几年不见的母子，纵有千言万语却都又无从说起，时间在他们的沉默和泪水中悄悄过去。告别的时间到了，升琪默默地走出大门，走了几步，然后回头，看了看掩面而泣的妈妈。他嘴巴张了张，似乎想说什么，可终究什么也没说，转过头，飞也似的跑了。

当离妈妈的房子越来越远的时候，升琪再也忍不住，"哇"的一声哭了出来。

一对母子，两个家。才见面，又离别。

虽然，下次的见面遥遥无期，但妈妈这片刻的关怀，会伴随他继续前行。

格 言

即使慢，驰而不息，纵会落后，纵会失败，但一定可以达到他所向往的目标。

——鲁迅